岭南民间藏瓷

《岭南民间藏瓷》编委会 编

羊城晚报出版社
·广州·

图书在版编目（CIP）数据

岭南民间藏瓷 / 《岭南民间藏瓷》编委会编 .—广州：羊城晚报出版社，2018.9
ISBN 978-7-5543-0625-3

Ⅰ.①岭… Ⅱ.①岭… Ⅲ.①瓷器（考古）—收藏—中国—图集 Ⅳ.① G262.4-64

中国版本图书馆 CIP 数据核字 (2018) 第 202284 号

岭南民间藏瓷
Lingnan Minjian Cangci

责任编辑 谭健强 廖文静
责任技编 张广生
装帧设计 林丽华 江广绵
责任校对 梁醒吾
出版发行 羊城晚报出版社
（广州市天河区黄埔大道中 309 号羊城创意产业园 3-13B 邮编：510665）
发行部电话：（020）87133824
出 版 人 吴 江
经　　销 广东新华发行集团股份有限公司
印　　刷 广州市伟烨彩色印刷有限公司
规　　格 889 毫米 ×1194 毫米 1/16 印张 11.25 字数 272 千
版　　次 2018 年 9 月第 1 版 2018 年 9 月第 1 次印刷
书　　号 ISBN 978-7-5543-0625-3
定　　价 198.00 元

前 言

瓷器，是中国古代的一项重要发明，创烧于战国以前，成熟于东汉，在长足发展中到唐代出现了以浙江越窑为代表的青瓷和以河北邢窑为代表的白瓷。这两大瓷窑系统，专称“南青北白”。及至宋代，是瓷器一个划时代的转折点，由于皇帝的偏爱和追求，瓷器从此成为朝廷不可或缺的物品。作为国家的礼器和高端艺术品出现在社会活动中，瓷器从而确立了前所未有的社会地位，并一直贯穿于整个封建帝制的历史中。在帝王的旨意与民众的智慧互动下，古瓷制作高潮迭起，名窑名瓷名贵品种层出不穷，难以一一枚举。丰富多彩的瓷类艺术品令人梦寐以求。古瓷作为精神文明和物质文明的载体，在中国是朝野共享，又作为贸易主体之一畅销世界各地。尤其是进入欧洲市场后，贵族们争相订购，并将其看作是身份、地位和财富的象征。现在世界各大博物馆都有陈列这些实物。要知道，欧洲贵族虽然历来嗜好瓷器，但他们是在1709年才由德国的萨克森烧制出成熟的色釉瓷；在1730年由德国的迈森瓷厂成功试制出青花瓷。可见，古瓷是中国的骄傲，为国人所喜爱也是自然而然，因而也成为当今收藏界中一个收藏人数众多的收藏大项。

本书的藏品来自广东的藏家，涵盖了从战国到清代的众多窑口及其各类品种和器型。丰富多彩的实物图片展示，使人能从中扩展视野，增加见识，增强自信，让各有所好的读者各有所得，是读者的良师益友。既然对古瓷收藏开卷有益，理应让更多的人去分享，这正是编者的心愿。于是为之欣然作序。

邓永康

2018年6月

瓷器历史演变

公元前1600年

商代中期，中国出现了最早的瓷器——原始青瓷，它是由陶器向瓷器过渡的产物，介乎陶与瓷的中间状态。

公元25年

东汉时期，中国历史上第一件真正意义上的瓷器终于在浙江东部地区烧成。

公元618年

唐代制瓷技术日臻完善，以越窑青瓷、邢窑白瓷为代表，有“南青北白”之称。

公元960年

宋代制瓷业进入一个大高潮，官窑、民窑相辅相成，五大名窑汝、官、哥、钧、定是其中的代表，成为后来历朝历代崇尚效仿的典范。

公元1279年

元代青花瓷、釉里红瓷的烧成，开辟了中国瓷器彩绘装饰工艺的新纪元。

明代形成官窑的固定烧造机制和“官搭民烧”的辅助机制，景德镇从此成为名冠天下的瓷都。

公元1368年

公元1644年

清代中国瓷器制作在康熙、雍正、乾隆三朝盛世登峰造极。嘉庆以后，国力渐衰，殃及瓷业逐渐萎缩。

（注：1279年南宋灭亡，1644年清人入关。）

瓷器收藏鉴赏导引

瓷器收藏是传统的收藏大项，在古代，上至帝王公藏，下至民间私藏，瓷器都是最受欢迎的藏品。如今正值盛世，瓷器收藏不仅是一种时尚，更是艺术投资大项，越来越多的人涉足这一领域，因此具备一定的收藏鉴赏知识是十分必要的。古陶瓷专家们通过大量对比研究，总结出了一些鉴别方法，为我们的瓷器收藏鉴赏提供了参考。对瓷器的收藏鉴赏，首先可以从以下几方面入手。

窑口：中国瓷器产地遍及全国，不同时代出现的窑口产地就是最重要的科学鉴别主体之一。在元代以前，窑口产地南北分布较为均衡，其中尤以宋代五大名窑汝、官、哥、钧、定最为令人瞩目。明清时期，出现了全国的瓷业中心——景德镇。窑口按类别又可以分为耀州窑、吉州窑、龙泉窑、磁州窑等。对瓷器的收藏鉴赏，首先要熟悉各大窑口产地和窑系类别。

器型：中国瓷器造型多姿多彩，由于每个时代不同的审美偏好，瓷器在造型上也呈现出不同时代独特的美学痕迹。根据瓷器的造型功能，可以分为日用瓷、观赏瓷、宗教贡瓷等。根据瓷器的基本样式，又可以分为碗、盘、杯、碟、壶、瓶、罐、缸、坛、锅、盆、钵、盅、盒、洗、盂等。因此对瓷器进行收藏鉴赏，还必须熟悉各个历史朝代的文化背景和瓷器的使用功能。

胎釉：釉的种类繁多，按胚体类分，有瓷釉、陶釉和炻器釉；按烧成温度分，有低温釉、中温釉和高温釉；按釉面特征分，有白釉、颜色釉、结晶釉、窑变纹釉、裂纹釉、无光釉、乳浊釉等。我国古代陶瓷釉彩的发展是从无釉到有釉，又从单色釉到多色釉，再从釉下彩到釉上彩，并逐步发展成釉下釉上合绘的五彩、斗彩等。由于时代和地区的不同，在胎釉成分和烧造方法上有着比较明显的差别，在收藏鉴赏时应仔细观察。

纹饰：中国古代瓷器的装饰技法和纹饰特色，依据时代、民族、地区和窑口的不同而各具特色。明代以前所产瓷器多为素瓷，只有少数高档瓷器才饰以暗花、浮雕之类，少有彩绘。明代以后进入彩绘时代，极大地丰富了瓷品装饰。此外，瓷器上的装饰花纹讲究“图必有意，意必吉祥”，在明清瓷器上反映最为明显，如八仙图、一路连科图、独占鳌头图、和合如意图等。

款识：中国瓷器刚兴起时，出现款识的情况不多，到了唐代，随着商贸的繁荣，各种标识性或广告性的款识才大量出现。宋代瓷器上有“内府”二字和“正和年制”，钧窑瓷器底内有一、二、三、四……数目字。元代官窑款有“枢府”二字，民窑很少有款识。明代官窑款有“某某年造”或“某某年制”字样。清代普遍有“制”字，极少见用“造”字。其他还有一些特殊款识，如各窑口奉旨烧造的进贡瓷器的特殊标记，少数吉祥语款和家藏款，等等。这些都是我们入门瓷器收藏鉴赏必须掌握的基本知识。

目 录

戰國•萌芽阶段

瓷器是中国伟大的发明之一。是通过“火”与“土”的结合后所得的智慧结晶。中国瓷器创烧于战国以前，至东汉出现第一件真正意义上的瓷器。它发展过程中的一个重要阶段，就是烧制器物的泥胎从不具透明性到半透明的瓷质化。

陶器在窑内烧制过程中需要达到多少摄氏度才可烧成瓷器？瓷土的配方比例是多少？这些都是经过无数劳动者的智慧思考和长期的辛勤操作、探索、修正后才获得的。

釉是一种硅酸盐，是覆盖在陶瓷器皿表面的无色或有色玻璃质薄层，是月矿物原料瓷石（长条石、石英、云母、滑石、黏土等）经研磨成浆，加入草木灰（钙），涂在晾干成型的泥胎表面，经过入窑烧制，就成了有釉的光亮面（玻化现象），便于洗拭，不至被尘土或腥秽物染污。

如在釉中加入了氧化铁，在氧化状态下烧成是黄色，经过还原火焰就可以变成青色，这就是青釉。所以青釉器的烧成，是中国瓷器史上一个很大的成就。

脱胎于陶的瓷器是中国最伟大的发明之一，被誉为中国的“第五大发明”。在英语中，首字母大写“China”为中国，小写“china”为瓷器，瓷器已成为世界各国体认中国的一大标志物。中国瓷器传播到世界各地之后，深刻地影响了陶瓷文化的发展，为人类历史写下了光辉的一笔，因此中国又被誉为“瓷器之国”。

早在三四千年前的商代中期，中国便出现了最早的瓷器——原始青瓷，它是由陶器向瓷器过渡的产物，介乎陶与瓷的中间状态。中国最早的原始青瓷，发现于山西夏县东下冯龙山文化遗址中，有罐、钵等器类。原始青瓷在黄河流域、长江中下游以及南方地区的商周遗址和墓葬中都有所发现，其中陕西、山西、河南、山东、安徽、江苏、浙江等地出土较多，尤以浙江地区窑址最为集中。

商周至西汉时期的原始青瓷，瓷胎与后世瓷器的胎骨所含化学成分相似，是用近似高岭土的瓷土烧成。胎釉以石灰石加黏土配制而成，含铁元素较高，在烧制过程中不断氧化，成品多呈青绿色，少数呈褐色或黄绿色；胎釉一般施于器表和部分口沿内，器内施釉的很少，釉底极薄。常见纹饰有云雷纹、水波纹、叶脉纹、黄圈纹、曲折纹、条状纹、粗格纹、细格纹等。器型以尊类为主，多见敞口、折肩、鼓腹、小底；此外还有豆、瓿、盂、罐、鼎、瓮、簋、盉、杯、钵、錞于、盖罐、提梁壶等器型。

与东汉时期出现的成熟青瓷相比，原始青瓷的胎料杂质比较多，胎和釉的配比不是很准确，烧制温度偏低，一般经1100℃左右的温度烧成，致使胎体的烧结不够致密，吸水率和显气孔率都比较高，施釉较薄且易脱落，釉色也不够稳定，因此也被称为“釉陶”。

到了东汉时期，中国历史上第一件真正意义上的瓷器终于在浙江东部地区烧成。从此，陶器慢慢退出了历史的舞台，瓷器迅速崛起。也因此，在唐代以前，中国制瓷的中心都在浙江一带。浙江一带在战国时属越国管辖，唐朝时称越州，所以这一带的瓷窑统称越窑，所产瓷器就是我们通常所说的越窑瓷器。

东汉时期，瓷器在烧制温度上取得了新突破，烧制温度达到了1300℃，使得胎体质地更加坚硬致密，吸水率更低，胎釉透明近似玻璃质，结构与近代瓷器基本相同。这种高水平的制瓷技术，标志着中国瓷器生产已进入一个新时代。

从浙江、江苏、江西、安徽、湖北、河南、甘肃等地墓葬和遗址出土的瓷器来看，东汉时期的瓷器多为青瓷。这一时期的青瓷，使用的胎体和胎釉的配料含铁元素较原始青瓷少，所以胎体开始呈现灰白色。主要器型有碗、盘、钵、罐、壶、盆、洗、瓿、奁、水盂、唾壶、五联罐及少量三足。其中五联罐是三国、两晋时期谷仓的雏形。纹饰以光素为主，壶、洗、盆、罐等常贴印铺首（兽面衔环）纹，部分瓷器的口、颈、肩、腹划或印有弦纹、网纹、水波纹、麻布纹、带状纹、方格纺纹、杉叶纹等。三国、两晋时期，大量动物造型的瓷器开始出现，如鸟形杯、鹰形壶、鸡头壶、狮形烛台等，也有殉葬用的灶、犬、羊、鸡笼、猪圈、谷仓等明器。

东汉时期瓷器的另一大进展，就是创烧了黑瓷，以浙江上虞窑烧制的黑瓷为代表。黑瓷同样以氧化铁作为釉的呈色剂，其釉料中三氧化二铁的含量在5%以上。其时黑瓷的釉色呈深褐绿色乃至黑色，釉层薄厚不均，常有蜡泪痕，并在器表的底凹处聚集着很厚的釉层。发展至东晋，浙江德清窑终于烧制出釉面滋润光亮、色黑如漆的黑瓷，可以与漆器媲美。黑瓷盛行于唐代，到宋代达到高峰，明清时期的黑瓷做工最为精细，但多在纯净的黑釉上施以各种低温色彩，黑釉成为衬托。

到了南北朝，又创烧了我们古瓷中历史比较悠久的一类瓷器——白釉瓷器。我国有确切纪年的最早的白釉瓷器发现于河南安阳北齐武平六年（575年）范粹墓葬中。严格来说，此时的白釉并不是白色的釉，真正的白色釉料是乳白色的乳浊釉，是近代才发明的。我国古代仅有元代枢府釉是失透的，而其他白釉是一种无色透明釉。将含铁量低于0.75%的釉料施于洁白的胎体上，入窑经高温烧成透明釉，釉色因白润瓷胎的映衬而显出白色。

因为早期瓷器主要是以氧化铁作为釉料的呈色剂，瓷器中铁元素的含量高于0.75%就是青色的，低于0.75%就是白色的，所以中国白瓷经历了青瓷、青白瓷、卵白瓷、卵白釉、甜白釉、象牙白、白釉的发展过程。白釉瓷器萌发于南北朝，成熟于隋唐时代，此时瓷的白度已经达到70%以上，接近于现代高级细瓷，釉下彩和釉上彩瓷器就是在此基础上发展起来的。

战国 青釉瓷麦穗弦纹镂空瓶

尺　寸：高度/45.9cm　口径/9.4cm　足径/18cm
收藏者：梁柏顺

东汉 青釉三羊瓿

尺　寸：高度/22.5cm　宽度/25cm

收藏者：余乃刚

晋 青釉瓷堆塑人物谷仓

尺　寸：高度/50cm　足径/19cm
收藏者：梁柏顺

器身长圆形，体形硕大，通体施青釉，釉色莹润，釉至足边，底平切涩胎，胎质坚硬呈粗颗粒状。顶部堆塑有琼台楼阁、人物、鸟类和大小五个盘口形小罐，器身贴塑有兽形铺首和绳状纹。结构复杂且制作工艺精细，采用了模印、堆贴、镂空和刻划等装饰技法，使整体纹饰错落有致，形象生动，历经近2000年仍完好无缺，十分难得。

谷仓：是明器中的一种，又称“魂瓶”，是流行于长江中下游地区三国孙吴、两晋时期的一种陪葬器物，常模仿各种礼器、人物、动物、日用器及建筑物的形状制作成模型，埋于墓中，故称谷仓为“所堆之物，取子孙繁衍、六畜繁息之意，以安逝者之魂，以慰生者之望”。

（黄明浩）

唐•日趋成熟

陶瓷发展历经战国、汉、两晋、南北朝、隋朝等朝代，从酝酿、孕育、生长、成熟，至在中国广大土地上生根、开花、结果、蔓延，以及各大窑系相互之间的影响，到唐代进入了一个盛世阶段，制瓷技术已纯熟完善。而由陶器进展到瓷器，不仅是一个演变过渡时期，亦是一个完成时期。古代文献资料中记载的邢窑、越窑二窑，就是这段时期的产物。越窑烧制以青瓷为主，邢窑烧制以白瓷为主，故唐代有“南青北白”之称，以长江为界平分秋色地代表着南北两个瓷窑系统的瓷器之最，为日后瓷器的发展奠定了基础。而同时期器型多变的胎装饰和色彩斑斓的釉装饰对后世的宋、元、明、清瓷器也产生了巨大的影响。

公元618年，李渊灭隋，建立大唐。唐代国势强盛，商贸往来繁荣，制瓷业也得到长足发展。瓷器的发展追求由青到白，到了唐代，白瓷在北方地区广泛流行，很多窑口在烧青瓷的同时兼烧白瓷。而在南方地区，青瓷生产仍占主导地位。到了后期，青瓷与白瓷几乎平分秋色，并行于世，有“南青北白”之誉。“南青”指的是南方的越窑青瓷，代表了当时青瓷制作的最高水平；“北白”指的是北方的邢窑白瓷，代表了当时白瓷制作的最高水平。

唐代越窑窑口主要集中于浙江余姚、上虞、宁波、慈溪等一带。此时青瓷制作技术已经完全成熟，烧制方法有支烧、垫烧、正烧等。支烧主要用于烧制碗、碟等带圈足的小型瓷器，底部留有支烧痕迹；垫烧主要用于烧制弧形底或平底的中型瓷器，底部留有灰白色胎的痕迹；正烧则用于烧制大型、复杂的瓷器。唐代早期，青瓷胎质较粗松，呈灰白色，釉色呈青黄色；中晚期胎质致密，呈灰色至淡紫色，釉色青中带黄，油润光泽，略透明或不透明，似冰类玉。唐代瓷器重胎质、釉色，大多素面无纹，只少数有纹饰。纹饰种类也较少，主要是龙纹、双鱼纹、云鹤纹、莲瓣纹等，多为划花，也有印花、镂空、堆贴等。唐代早期的越窑青瓷造型以高瘦的立型器为主，晚期则出现了花口式、荷叶式的碗、盘等。

唐代茶圣陆羽在《茶经》中说：“碗，越州上，鼎州次，婺州次，岳州次，寿州、洪州次，或以邢州处越州上，殊为不然。若邢州类银，则越州类玉，邢不如越一也；若邢瓷类雪，则越瓷类冰，邢不如越二也；邢瓷白而茶色丹，越瓷青而茶色绿，邢不如越三也。”越窑青瓷胎质细薄紧密，釉色青翠莹润，有的还开出细碎的冰片纹。盛上茶汤，青绿中略带闪黄，既增色又添香，受到了喜欢饮茶的唐代文人雅士的喜爱。这种盛行的饮茶风尚反过来又大大提升了越窑青瓷的地位。越窑青瓷不但成为主要的宫廷贡品之一，也是唐代一种重要的贸易瓷器，远销西亚、朝鲜、日本等地。

唐末宋初，越窑又生产了大量佛家寺院用瓷，这就是秘色瓷。秘色瓷发现于陕西扶风县法门镇法门寺。所谓“秘色”，指的是青绿相溶的釉色。早期越窑瓷器都泛着黄色，叫糖黄色。秘色瓷就是在这些糖黄色越窑瓷器的基础上进行改进，慢慢向绿色过渡，因此呈现了过渡时期的青绿色。

除越窑外，唐代青瓷烧制的著名窑口还有长沙窑。长沙窑又称铜官窑，位于长沙市望城区铜官镇至石渚湖一带，是唐代南方重要的青瓷窑口，以烧制青瓷为主，兼烧其他釉色瓷。长沙窑瓷器在质地和成型上都逊于越州青瓷。唐代早期的长沙窑青瓷胎

体疏松，呈灰白、黄褐，甚至微带红色，往往要在胎的表面上一层化妆土。但长沙窑瓷器首创了釉下彩器和在瓷器上彩绘的装饰技法．在青釉下加绘彩色花纹，打破了青釉一统天下的局面，为唐以后彩瓷的发展奠定了基础。同时，长沙窑瓷器十分注意扬长避短，多施以花卉、禽鸟、动物、龙纹甚至诗词等彩色纹饰，造型上也更加繁杂丰富，除常见的盘、碟、碗等，还扩展到人物、动物、玩具等，加上价格便宜，因此十分畅销。

唐代白瓷的生产窑口主要集中在北方，主要有河南的巩义窑、密县窑，河北的邢窑、定窑，陕西的黄堡镇窑，山西的浑源窑、平定窑等。其中以邢窑白瓷为代表。

邢窑窑址在今河北省内丘县和临城县一带，唐时地属邢州，故名邢窑。白瓷是在青瓷的基础上发展起来的，邢窑白瓷在唐代已十分成熟，赢得了“天下无贵贱而通用”的美誉。邢窑除烧制白瓷外，还烧制青瓷、黑瓷等，所产白瓷也分粗白瓷和细白瓷两种。粗白瓷胎质粗糙，胎色灰白，釉质较细，釉色呈灰白、乳白和黄白三色，有些还有细碎的开片纹。细白瓷胎质致密，胎色浅白，胎上施一层化妆土作为护胎釉，器内施满釉，器外釉不到足，釉面光滑，釉色洁白莹润，赢得“类银类雪”的美誉。邢窑白瓷造型比较规整简练，主要是碗、盘、钵、托、杯、砚、盒、瓶、壶、罐等日用瓷。多朴素无纹饰，以凸显釉质之美。款识上有“翰林”“盈”字双款，是当时的官款。

唐末至五代，藩镇割据，邢州一带战乱频繁，邢窑质量明显下降，北邻的定窑和南邻的磁州窑迅速崛起，邢窑最终湮没于漫漫历史中。

唐代另一个值得一说的是陶器唐三彩。唐三彩是明器，专门用以陪葬，在西安、洛阳等地的墓葬中出土很多，因此又称为“洛阳唐三彩”。唐代国富民强，是继汉代之后的第二个厚葬时期。据《旧唐书•舆服志》载：“近者王公百官竟为厚葬，偶人像马，雕饰如生……风俗流行，遂下兼士庶。”唐朝时期已经出现明确的明器制度，不同等级的官员死后随葬各有定数，如三品官员可随葬陶器90件，五品以上60件，九品以上40件。这种厚葬风气大大刺激了唐三彩的制作。

所谓三彩，是指以绿、白、褐三釉色为主色，兼有黄、黑、蓝等色调，是一种盛行于唐代的低温釉陶器。唐三彩的造型十分丰富，有生活器皿、文房用具、建筑模型、家具、人物和动物造型等，其中器皿较少，人物、动物造型较多，尤以各种人物陶俑和动物形象最具艺术价值。其中的龟兹人造型、大食国人造型、昆仑黑奴造型等洋人造型是唐三彩的一大特色。动物造型中以马为主角，也有大雁、骆驼、家禽、家畜等造型。

唐三彩是继承西汉和南北朝时的彩釉发展而来，到唐代时这种铅釉工艺已经全面成熟，并且直接影响了后世宋三彩、辽三彩的发展。

唐 三彩雁

尺　寸：高度/25cm　宽度/25cm
收藏者：刘　平

唐 巩县窑白釉执壶

尺　寸：高度/17cm　宽度/9.5cm
收藏者：余乃刚

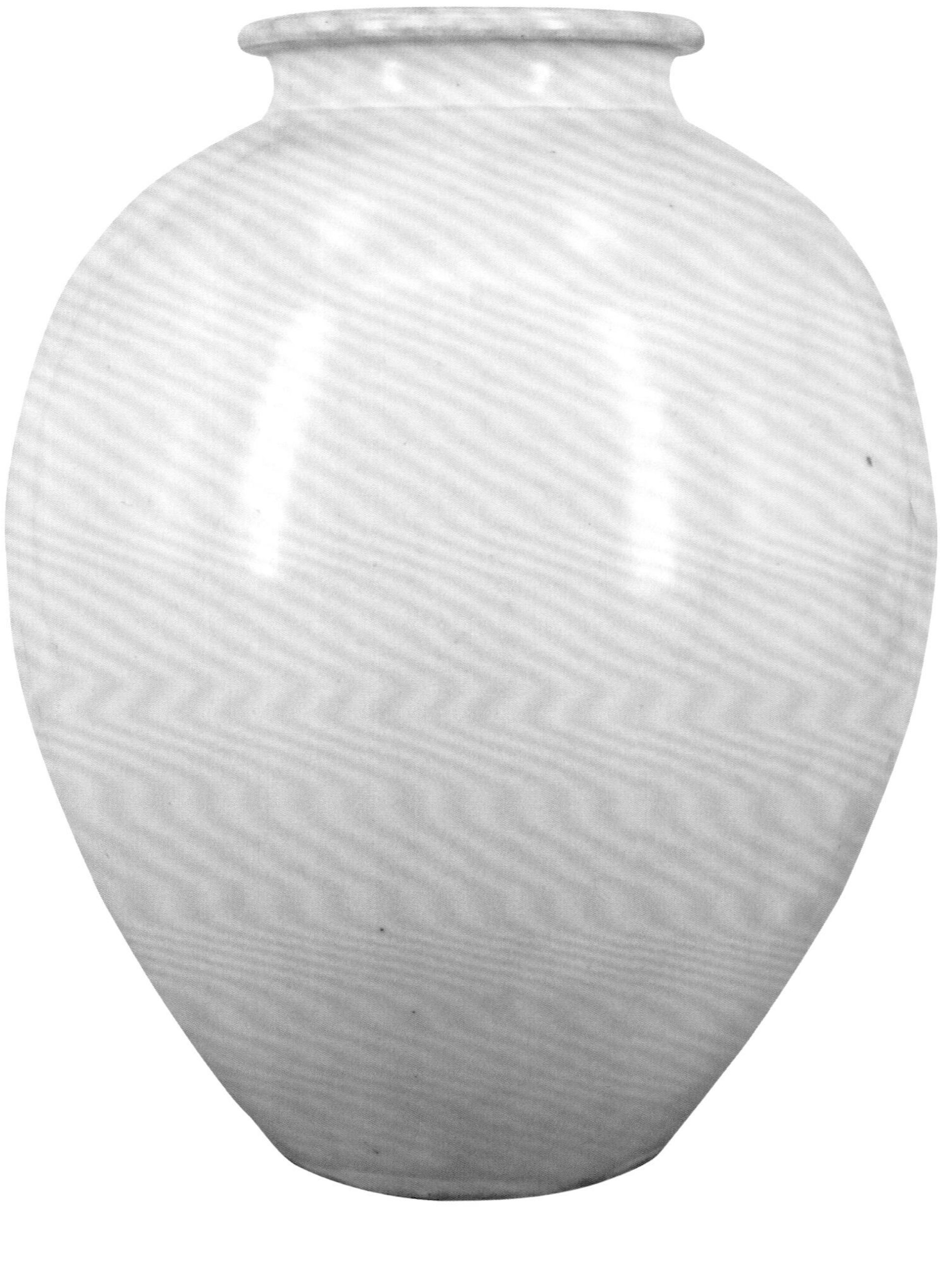

唐 邢窑罐

尺 寸：高度/20.2cm 口径/8cm 足径/7.6cm
收藏者：杨振端

唐 越窑青釉贴花龙柄壶

尺　寸：高度/39cm
收藏者：刘　平

五代 定窑花口碗

尺　寸：高度/8.7cm　口径/23.9cm　足径/6.6cm
收藏者：黄明浩

宋•开启繁荣

宋代（960—1279年），中国瓷器的繁荣时期。官窑设置出现，各地窑口众多，如越窑、龙泉窑、景德镇窑、建窑、汝窑、钧窑、耀州窑等都负有为皇家烧造贡瓷的使命。御用、官用的性质，确立了瓷器前所未有的社会地位，瓷器从实用品一跃成为艺术品，甚至是高端艺术品，从而促进了整个制瓷业的兴盛，在全国形成了一个瓷业生产的特大高潮。五大名窑汝、官、哥、钧、定是其中的代表，成为后来历朝历代崇尚效仿的典范。

另外，各大窑系耀州窑、临汝窑、龙泉窑、景德镇窑、建窑、越窑的陶瓷，以及辽瓷、西夏瓷则是极具风采的一枝奇葩。

公元960年，宋朝建立。宋代制瓷业盛况空前，既有南北之别，又有官私之分。官窑系统以汝、官、哥、钧、定为代表，代表了当时制瓷工艺的巅峰水平，被历代称为“宋代五大名窑”。

宋代五大名窑，除官窑和哥窑外，均以窑址为名。汝窑位于今河南宝丰清凉寺，宝丰县宋时隶属汝州，故以“汝”为名。宋代诸窑，“汝窑为魁”。汝窑专烧宫廷用器，但烧制时间较短，只有从宋哲宗到宋徽宗之间的短短20多年。因此，汝窑是宋代名窑中传世品最少的一个瓷窑。明清时期曾大量仿烧汝瓷，但几无乱真者。

汝窑瓷器胎质呈香灰色，胎釉呈天青色，是将名贵玛瑙碾碎入釉，调出近似色调达八种之多，世称“天青为贵，粉青为上，天蓝弥足珍贵”。天青釉色又分深浅两种，深色多不开片，浅色多为开片，片纹细密，状似蟹爪，俗称“蟹爪纹”。釉中含有稀疏气泡，“寥若星辰”。汝瓷多为素器，偶有刻花，少有纹饰，纹饰也只有龙纹、云纹、鸟纹、莲瓣纹、葵瓣纹等少数种类。汝瓷采用外裹足满釉支钉托烧，底部留有极小的支钉痕。支钉数量常为3枚或5枚，6枚仅见于椭圆形水仙盆，4枚多见于壶类方形器上。也有采用垫饼烧的，足底露胎不上釉。存世汝瓷底部可见两种款识，一为“奉华”，一为“蔡”。主要器类有碗、盘、洗、尊、瓶、盒、碟、盏、壶、钵、炉、托、套盒、器盖等20多种，每一种器类又有多种造型，以日用器皿为主。

我国历代由朝廷督烧的瓷窑均称为“官窑”。自唐代起，就出现了“官督民烧”的形式，延至宋代，五大名窑中的汝、哥、钧、定窑都是采取这种形式。而宋代还出现了为宋宫廷所专设、烧瓷全部供宫廷专用的瓷窑，所烧瓷器已无商品性质，河南汝州的北宋官窑和浙江杭州的南宋官窑均属此类。

北宋官窑又称汴京（今开封）官窑，宋代五大名窑中的“官窑”，指的正是汴京官窑。据南宋顾文荐《负暄杂录》记载：“宋宣政间京师自置窑烧造，名曰‘官窑’。”所谓宣政，即宋徽宗政和至宣和十五年间（1111—1125年）。2001年，在河南汝州张公巷首次发现北宋官窑窑址。北宋官窑烧瓷在器型、釉色、工艺上与汝窑相类，不同的是有相当多仿商周秦汉铜鼎和玉器者。官瓷胎体较厚，胎骨深灰、紫色或黑色，釉色以粉青为上，釉质莹润温雅，尤以釉面开大裂纹片著称。器口施釉稀薄，微露紫色，足上露胎，呈偏赤铁色，故有“紫口铁足”的典型特征。

宋南迁之后，高宗赵构在杭州先后设立了修内司窑和郊坛官窑，仿汴京官窑形制特征烧制，统称为南宋官窑。修内司窑的窑址在凤凰山下，郊坛官窑在今杭州市南郊的乌龟山一带，分别于20世纪20年代和90年代被考古发现。南宋官窑作为北宋官窑的延续，有许多共同之处，开片、紫口铁足、器多仿古，但总体来说，北宋官窑瓷较厚重，南宋官窑瓷更为轻薄。

作为宋代五大名窑之一，哥窑的窑址至今是一个谜。直到明成化至嘉靖年间，陆深在《春风堂随笔》一书中最早记录了有关哥窑和弟窑的源起传说，嘉靖末年的《七修类稿续编》进一步演绎，传说南宋时在浙江处州有两兄弟，兄弟俩在处州龙泉县各建一窑，哥哥建的窑称为“哥窑”，弟弟建的窑称为“弟窑”或者“龙泉窑”。其后的文献记述大抵源出于此。

哥窑瓷的一个典型特征就是釉面有大大小小不规则的开纹裂片，细小如鱼子者称为“鱼子纹”，开片呈弧形的称为“蟹爪纹”，开片大小相同的称为“百圾碎”。细碎的开片纹理呈金黄色，称为“金丝”；大块的开片纹理呈黑色，称为“铁线”，所以又有“金丝铁线”之称。

哥窑瓷的另一个特征就是“紫口铁足”，官窑瓷也有这个特征，而且官窑瓷也开片，因此有一种说法叫“官哥不分”，甚至有人认为传世的宫藏哥窑瓷，实际上就是南宋修内司烧制的。不过从元末明初以来，人们普遍认为哥窑开片比官窑小，是继官窑之后的又一大名窑。

传世哥窑瓷以陈设器型为主，多仿古铜器形制，如贯耳瓶、兽耳炉、菊瓣盘、长颈瓶等，也有各色洗、盘、碗、罐等常用器皿。自元以下，各朝仿哥窑瓷者屡见不鲜，尤以景德镇为最，被称为仿哥窑或哥釉。但其制作工艺已不能与宋代哥窑瓷相媲美，到了清后期，哥釉颜色越来越深，开片越来越细碎，釉面凹凸不平，已不复见宋时风采。这也使得宋代哥窑瓷的收藏价值越发不可估量。

钧窑的主要烧造期是宋金元时期，有官钧窑和民钧窑之分。其位于河南禹州，因古属钧州，故名，以县城内的八卦洞窑和钧台窑最有名，专门烧制各种宫廷用瓷。由此钧窑盛名于世，各地竞相仿制，以钧州为中心，后扩展至河北、山西等地，窑址达100多处，形成了庞大的钧窑系。

在宋代五大名窑中，其他各窑均为单纯色，或专造白瓷，或专造青器，间或涉及其他色系。唯独钧窑，专在色彩上下工夫，所造瓷器五色斑斓，红、蓝、青、白、紫交相融汇，灿若云霞，艳丽绝伦。这是因为在烧制过程中，钧窑创造性地以铜为呈色剂而造成的艺术效果，此为中国陶瓷史上的一大发明，称为“窑变”。“入窑一色，出窑万彩”正是钧窑的本质。历来藏家鉴者，以红若胭脂为最，葱绿青与墨色次之，杂色为下。

钧瓷分两次烧成，第一次素烧，出窑后施以乳浊釉，有别于其他四窑的玻璃釉，釉层厚重，回窑二次烧制时，釉料自然流淌，形成有规则的流动线条，状似蚯蚓在泥土中爬行的痕迹，故称“蚯蚓走泥纹”。在民国以前，这是钧窑瓷的独有特征，但现在已能仿制，已不是绝对的鉴定特征了。官钧瓷底部还刻有一至十的号数，数字越小，器物尺寸越大。器型以碗盘为多，尤以花盆最为出色。所以在宋徽宗年间，官钧瓷主要供“花石纲”之需。

宋代五大名窑中的前四窑均产青器，唯独第五大名窑定窑以产白瓷著称，兼烧黑釉、酱釉、绿釉，它是继唐代邢窑白瓷之后兴起的一大瓷窑体系。定窑在今河北省曲阳县一带，唐宋时属定州管辖，故名。初为民窑，北宋中后期开始为宫廷烧造瓷器，称为“北定”；宋室南迁之后，定窑工人一部分到了景德镇，一部分到了吉州，称为“南定”；在景德镇生产的瓷器釉色似粉，又称“粉定”。

定窑以纹饰为美，有别于其他四大名窑以釉色作为表现形式。其釉面稀薄，可刀刻针剔，以刻花、划花、印花诸种装饰手法，刻上莲花、牡丹、塘荷、水波、游鱼、鸳鸯、龙凤等花纹，还有的利用施釉极薄、釉料下垂的特征，形成蜡泪痕和竹丝刷纹，风格典雅。

定窑白瓷采用覆烧工艺，即扣过来烧，有别于一般瓷器的正烧，因此口部不上釉，形成涩圈，烧成后再镶上金、银、铜质边圈以掩饰涩口缺陷，这是定窑的一大特色。但在当时因涩口缺陷，定窑白瓷排在了五大名窑之末。

宋代作为中国陶瓷收藏史上的第一个高峰期，不但官窑系统蓬勃发展，民窑系统也蒸蒸日上。民窑八大窑系以长江为界，北方有钧窑、定窑、磁州窑、耀州窑四大窑系，南方也有建窑、龙泉窑、吉州窑、景德镇窑四大窑系。

历代有“南有景德，北有彭城”之说，景德镇窑系和磁州窑系又分别代表了宋代民窑中南方窑系和北方窑系的最高成就。景德镇窑位于江西省景德镇市，因北宋景德年间烧制的精美瓷器而

称今名。景德镇窑自唐代起即烧制青瓷，至北宋时以烧制青白瓷为主。青白瓷又叫“影青瓷”，胎质坚硬薄透，釉色青中泛白，有一种类似青白玉的美感，是宋时景德窑最具独特风格的新品种。磁州窑位于今河北省邯郸市彭城和磁县等地，以生产白釉黑彩瓷器著称于世，黑白对比，图案鲜明，兼用刻、划、剔、填彩，并创造性地将中国书法绘画技法融入瓷器纹饰，为宋以后景德镇青花及彩绘瓷器的繁荣奠定了基础。

辽　三彩牡丹纹龙柄皮囊壶

尺　寸：高度/28cm
收藏者：梁松顺

此外，钧窑创烧铜红釉，定窑首创覆烧工艺，耀州窑以刻花、划花、印花青瓷盛极一时，建窑以烧制黑釉瓷而著称，创烧了兔毫斑、鹧鸪斑、曜变等釉色名品，龙泉窑创烧了釉色纯正的梅子青和粉青釉青瓷，以薄胎、厚釉、刻划花及塑雕为标志而自成体系，吉州窑以窑变品种黑釉瓷著称，尤以茶盏最具特色。

宋 青釉花口耳杯

尺　寸：高度/6.1cm　足径/5.3cm
收藏者：梁柏顺

宋 汝窑双耳三足炉

尺　寸：高度/6.3cm　口径/8.5cm
收藏者：祁田夫

直口，口沿上对称塑有两耳，弧腹，腹部有一圈弦纹，下承以三足，整体协调，胎体淘炼精细，土质细腻坚致。釉色润泽匀净，器身开小片，釉色呈乳浊半透明状，明亮而不刺目，俗称“宝光内敛”。

（黄明浩）

宋 汝窑三足洗

尺　寸：高度/5.7cm　口径/16.6cm　足径/15.6cm
收藏者：麦锦全

宋 青釉花口洗

尺　寸：高度/3.5cm　口径/9cm
收藏者：李加和

宋 哥窑鱼耳炉

尺　寸：高度/9.5cm　口径/10cm　足径/13.2cm
收藏者：梁柏顺

宋 定窑白釉印花凤纹折沿盘

尺　寸：高度/2.1cm　口径/14.8cm　足径/7cm
收藏者：谢剑文

宋 定窑刻划莲鱼纹花口盘

尺　寸：高度/6.5cm　口径/29.2cm
款　识：暗刻“东宫”二字款
收藏者：邓永康

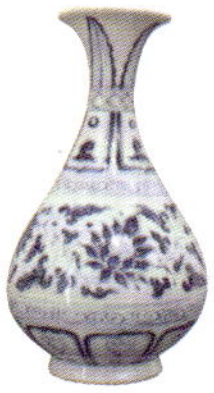

宋 定窑白釉外刻花内龙纹花口盘

尺　寸：高度/6.9cm　口径/30.4cm　足径/10.2cm
款　识："尚食局"三字款
收藏者：麦锦全

敞口，斜壁，折腰，口沿一圈无釉，窄圈足，足端有釉，外底心刻有"尚食局"三字。胎薄，洁白而致密，釉色莹润，白中微泛黄，外壁刻有花卉纹且有垂釉流淌，盘内壁刻有三爪龙纹，细颈长身，昂首伸爪，双角、须发，瞪目吐舌，通体刻鳞片纹，矫健生动 。此盘纹饰刻划刀法纯熟，单线与复线、锐直与侧斜都运用自如，线条流畅。而外底款"尚食局"三字更证实此类产品曾经是贡瓷。据史料记载，宋代朝廷下设有"尚药、尚食、尚辇、尚酝、尚舍、尚衣"六局，分掌宫廷中衣、食、住、行、医疗，"尚食局"是掌管朝廷膳馐之事。

（黄明浩）

宋 定窑刻划花纹盘

尺　寸：高度/5cm　口径/30.2cm
收藏者：邹汉瑜

宋 定窑童子塑像水注

尺　寸：高度/17.5cm
收藏者：凌立茂

宋 定窑白釉狮型瓷枕

尺　寸：高度/11.4cm　宽度/29.5cm
收藏者：李加和

宋 定窑莲瓣座折腰花口托盘

尺　寸：高度/10.6cm　口径/21.1cm
收藏者：梁松顺

宋 定窑白釉刻划花匜口壶

尺　寸：高度/15cm　口径/5.2cm　足径/4.5cm
款　识："官"字款
收藏者：梁永钊

宋 定窑酱釉长颈瓶

尺　寸：高度/26.9cm　口径/7cm
　　　　足径/18.6cm
收藏者：邹汉瑜

宋 钧窑月白釉瓶

尺　寸：高度/15.4cm　口径/5.3cm　足径/12.9cm
收藏者：李加和

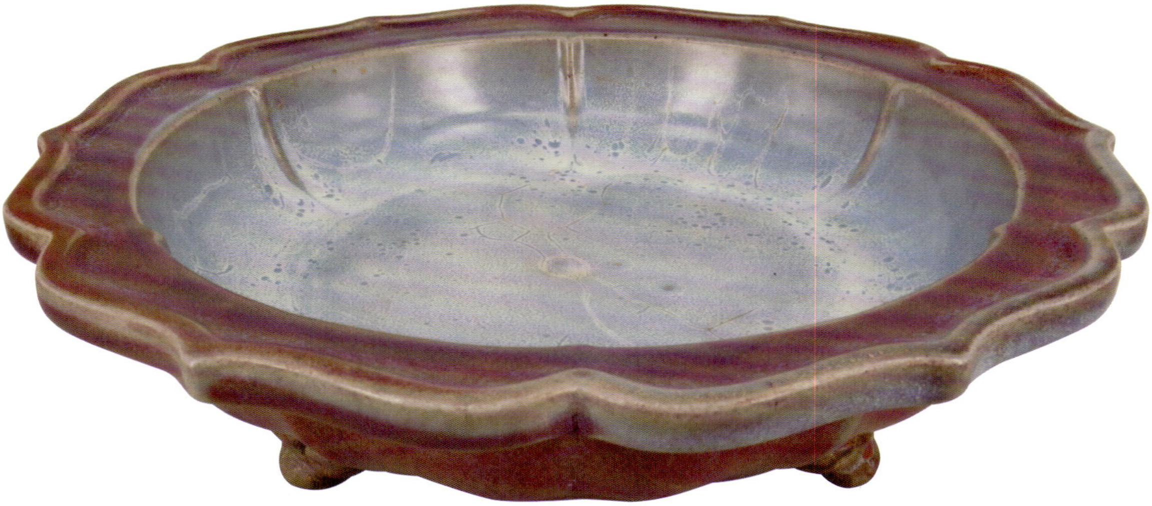

宋 钧窑三足折沿盘

尺　寸：高度/8.3cm　口径/27.5cm
款　识："二"字款
收藏者：梁松顺

北宋 紫定提梁壶

尺　寸：高度/13.4cm　口径/5.5cm
收藏者：汪跃

宋 磁州登峰窑珍珠地云龙纹盘

尺 寸：高度/5cm 口径/39.7cm
收藏者：刘平

宋　磁州窑白釉剔花缠枝牡丹梅瓶

尺　寸：高度/26.4cm　口径/6cm　足径/9.4cm

收藏者：李加和

北宋 越窑青釉刻花龙纹香薰（带盖）

尺　寸：高度/6.7cm　口径/8.1cm　足径/2.7cm

收藏者：李爱红

宋 越窑缠枝连纹镂空香薰

尺　寸：高度/15.8cm　口径/13.3cm
收藏者：刘平

宋 越窑净瓶

尺　寸：高度/20.8cm　口径/3cm　足径/7.7cm
收藏者：毛俊峰

宋 青釉水洗

尺　寸：高度/18cm
收藏者：郭巨辉

北宋 越窑青釉刻花盖盒

尺 寸：高度/7cm
收藏者：梁小丽

北宋 青白釉人物塑像

尺　寸：高度/23.6cm
收藏者：李子扬

宋 青白釉水丞

尺　寸：高度/6.7cm　口径/8.1cm　足径/2.7cm
收藏者：李爱红

宋 青白釉执壶盏托（一套）

尺　寸：壶高度/22cm　盏高度/11cm
收藏者：刘平

此套执壶、盏托，胎质细腻洁白，薄而透光，釉色白中泛青，青中带白，积釉处微显淡淡湖水绿色，釉薄之处可看见受到泥土沁蚀的痕迹。此套青白瓷造型别致，工艺精湛，纯熟地运用了剔花、刻划花等制瓷技法，且有意模仿青白玉器的色调和质感，这乃宋人的审美追求，被后世称为“假玉器”。

影青是始于20世纪初古玩市场的叫法，还有“隐青”“映青”“印青”等名称，虽各有不同解释，但都泛指宋代景德镇的青白瓷器。

（黄明浩）

宋 耀州窑刻花折腰花口盘

尺　寸：高度/3.9cm　口径/19.2cm
收藏者：叶秋华

宋 耀州窑花口碗

尺 寸：高度/9.1cm 口径/21.9cm 足径/7cm
收藏者：叶秋华

宋 耀州窑花口尊

尺　寸：高度/10.3cm　口径/15.7cm　足径/6.2cm
收藏者：叶秋华

宋 耀州窑刻划花卉纹梅瓶

尺　寸：高度/22.5cm　口径/5cm
收藏者：黄明浩

小口，短颈，斜肩，器身修长，腹部刻牡丹纹，底部以仰莲瓣衬托。胎质灰白，通体施青釉，色微带黄，做工精细，比例协调，器型规整。宋代耀州窑以刀工见称，用直角拐刀深刻，刀法宽阔有力，线条粗放流畅，同时也交错使用篦纹，让器皿富有浮雕和立体感，这就是资料记载的耀州窑“半刀泥”雕工的特征。

（黄明浩）

金 钧窑花口洗

尺 寸：高度/5.4cm 口径/9.4cm
收藏者：麦锦全

金 磁州窑褐釉铁锈花玉壶春瓶

尺　寸：高度/27cm　口径/7.1cm
收藏者：邓惠燕

南宋 官窑三足炉

尺　寸：高度/15.9cm
收藏者：梁柏顺

南宋 官窑出戟花觚

尺 寸：高度/12.4cm 口径/10.4cm
收藏者：叶秋华

南宋 官窑灰青釉折沿盘

尺　寸：高度/6.2cm　口径/23.4cm
收藏者：张锡标

南宋 耀州窑人物塑像

尺　寸：高度/8cm
收藏者：梁小丽

元·创新发展

元代，中国瓷业的发展集中体现在景德镇。首先，瓷石加高岭土的“二元配方”使中国制瓷工艺完成了由软质瓷向硬质瓷过渡的飞跃，结束了中国瓷器在宋代以前“重釉轻胎”的历史，使“冰肌玉骨”的胎质同时具有审美价值。其次，青花瓷、釉里红瓷的烧成，开辟了中国瓷器彩绘装饰工艺的新纪元。而钴蓝釉、铜红釉、卵白釉等颜色釉新品种的出现，成为熟练掌握各种呈色剂的重要标志，为颜色釉的烧制开创了新天地，并为景德镇日后成为瓷都奠定了坚实的基础。

元朝建立后，由于“国俗尚白，以白为吉”，自宋代以来烧制青白瓷的景德镇受到了元朝统治者的青睐，用强制手段陆续从各地迁来大量工匠云集景德镇，使得景德镇的制瓷业空前发展，不但成功烧制出了青花瓷，开辟了由素瓷向彩瓷过渡的新时代，也使景德镇一跃成为中世纪世界制瓷业的中心。元人蒋祁著《陶计略》记述了当时景德镇制瓷业的盛况：“窑火既歇，商争取售，而上者择焉，谓之捡窑。交易之际，牙侩主之……运器入河，肩夫执券，次第件具，以凭商筹，谓之非子。”

景德镇制瓷业始于唐代，其时瓷胎由单一的瓷石构成，元人发明了以瓷石加高岭土的“二元配方”，使瓷胎中的三氧化二铝的含量得以提高，从而提高了瓷胎的烧结温度，可使所烧瓷器快速牢固，减少变形，因此可以烧制更大型和薄型的瓷器。因此我们可以看到，元代瓷器造型硕大，大盘、大罐、大瓶特别多，甚至能看到直径近60厘米的大盘和高达70厘米的大瓶。

元青花是在景德镇宋代青白瓷的基础上发展起来的，它并没有明显的萌芽、发展期，在元代一出现就已是十分成熟的工艺品。对于元青花的这种突然成熟，一般认为是元代与外来文化交流较多，从波斯输入了原料和工艺，是汉文化、蒙古文化和波斯文化交融的结晶。元朝陆上“丝绸之路”和海上“丝绸之路”已经畅通世界各地，对外贸易十分发达，中西文化也开始交融，瓷器在装饰和器型上都有很大创新，也刺激了枢府釉、青花、釉里红等新品种的诞生。

景德镇的湖田窑成功烧制出青花瓷之后，景德镇开始大批量生产。青花瓷是釉下彩瓷器，应用含钴青料在白色的瓷胎上绘画，然后罩上透明釉，在高温下一次烧成。青花瓷釉色总体分两种，一种呈灰蓝色，较浅淡，仅见于中、小型器，用的是国产含钴青料；一种呈深蓝色，较浓丽，可见于大、中或小型器，用的是进口含钴青料。进口含钴青料是从波斯进口的，由于含铁较高，含锰较低，呈现的纹饰青翠浓艳，色浓处有深黑色结晶斑点，带有金属光泽。至明清时期，创新发展成中外混合含钴青料，改善了结晶斑点这一情况，更适合于绘画人物山水花鸟。

元青花瓷根据时间大致分为延祐期、至正期和元末期三个阶段，其中延祐期使用的是国产青料，罩以青白釉，元末期使用的是国产青料，罩以卵白釉，只有至正期的青花瓷器使用进口青料，罩以白釉，釉面白中泛青，釉色莹润透亮，常有闪动感，积釉处呈鸭蛋青色，足圈釉面显出淡淡的水绿色，是元青花瓷之最。

元青花在装饰技法上以青花与刻花、印花、瓷塑、浅浮雕等多种技法相结合。绘画方法以平涂为主，结合勾、皴、点、染技法，显现出高超的绘画技能。绘画风格上

有白地青花、蓝地白花或以青花线描为底。它的纹饰题材众多，以往瓷器的纹饰题材多为花卉、龙凤、鱼藻之类，宋代更是不事修饰，追求含蓄、自然之美，但元青花一反传统，变得热烈奔放，纹饰题材不拘一格，涵盖百物万状，后期甚至出现了大量的人物纹饰、戏剧情节，这显然是受到了当时风行的元曲和小说的影响。古人画画很少画带有故事情节的画，瓷器纹饰题材带有故事情节的更是凤毛麟角，因此这一批瓷器受到了收藏者的青睐，单件艺术品的最高价曾经就是由带有故事情节的元青花创造的。这一件元青花为“鬼谷下山”大罐，在2005年7月12日的伦敦拍卖会上以2.3亿元成交。

元青花瓷既有灵巧秀美的精细之作，又有恢宏大气的巨大器型，总的来说有罐类、瓶类、壶类、碗类、盘类共五大类。大型青花瓷既体现了蒙古游牧民族豪放的性格，也是为了适应外销的需要，小型瓷器一般作为日用瓷。目前在世界各大博物馆中总共有几百件元青花，尤以土耳其的托布卡比宫所藏元青花比较集中，是元代时作为礼品或者商品运至此地的，一直保存到现在。

元代景德镇的另一大创举就是在元中期成功创烧了釉里红。所谓“釉里红”，就是以铜红料在白色的瓷胎上绘画纹饰，再罩以透明釉，入窑经高温一次烧成，呈现白地红花的瓷器。釉里红与青花瓷的制作工序基本一致，同属釉下彩瓷器，只呈色有红、蓝之别。釉里红最大的特点就是烧制难度大，成品率极低。因为铜离子对温度极其敏感，温度稍低，即呈黑红色或灰红色；温度稍高，则铜离子挥发，呈现特有的飞红现象或直接褪色，造成纹饰不连贯。当时烧柴窑对窑温尚难以精细把握，加上元人崇白，所以釉里红在元代并没有大规模生产，存世较少。后经明宣德年间的发展，至清雍正时期釉里红烧制工艺全面成熟，工艺技巧达到中国制瓷上的最高水平。

釉里红与元青花一样，胎质致密，呈灰白色，胎体较厚，釉面以亮青釉为主，白中泛青，釉质细腻、润泽，积釉冰透，这是元瓷的一大特色。纹饰也多为缠枝牡丹、莲花、菊、栀子花、云龙、云凤、云鹤、芦雁、人物故事等，边饰多为变形莲瓣、蕉叶纹、回纹等。器型也多为大罐、大瓶等立型器。

此外，元代景德镇还创烧了卵白釉、红釉、蓝釉等高温色釉瓷和孔雀绿釉等低温色釉瓷。其中卵白釉在元代还有一个特殊的名字——枢府釉，这是专门用于进贡的官瓷，内里都印有“枢府”字样。明初曹昭的《格古要论》说：“元代烧小足印花者，内有枢府字者高。”至于元代钧瓷，则主要是仿烧宋代钧瓷，尤以天蓝色带紫斑者最为珍贵。

元 青花苏武牧羊图罐

尺　寸：高度/28.7cm　口径/20cm　足径/19.6cm

收藏者：汪跃

元 青花人物故事纹铺首罐

尺　寸：高度/36.8cm　口径/15.7cm

收藏者：肖家卓

元 青花云龙纹铺首罐

尺 寸：高度/36.8cm 口径/17.2cm
收藏者：邓永康

器斜口，溜肩鼓腹，上腹部左右分别塑有对称的兽形铺首，腹下渐收，至底微撇，浅宽圈足，胎体坚致细密，体形厚重，釉色莹润肥厚，白中泛青，积釉处泛淡淡湖水绿色，青花发色幽蓝艳丽，有明显进口氧化钴料所独有的高铁低锰凝聚之结晶斑，色斑浓重处有沁蚀入胎骨之感，并略有晕散。

整器以弦纹分隔多层纹饰图案，口沿下依次为变异回纹、海浪纹、杂宝纹，底部为仰莲纹，腹部绘云龙纹，昂首矫健，威武有力，充满动感。

（黄明浩）

元 青花缠枝牡丹纹玉壶春瓶

尺　寸：高度/27.9cm　口径/8.6cm　足径/8.7cm

收藏者：凌立茂

元 青花折枝花卉纹执壶（带盖）

尺　寸：高度/42.5cm　足径/12.9cm

收藏者：凌立茂

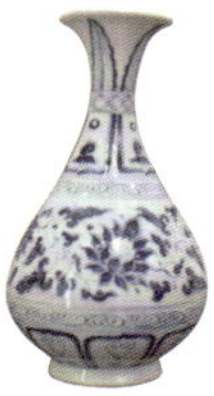

元 青花缠枝牡丹纹梅瓶（带盖）

尺　寸：高度/63cm　口径/8cm
收藏者：邓永康

元 青花云龙纹阔口梅瓶

尺　寸：高度/68cm　口径/23cm

收藏者：邓永康

元 青花釉里红堆塑贴花凤纹梅瓶

尺 寸：高度/90.3cm 口径/4cm
收藏者：邓永康

元 青花釉里红章凤首流扁执壶

尺　寸：高度/30.7cm　口径/7cm　足径/37cm

收藏者：祁田夫

元 釉里红云龙纹葫芦瓶（带盖）

尺　寸：高度/56.7cm　口径/7cm
收藏者：邓永康

元 蓝釉凤首流扁执壶（带盖）

尺　寸：高度/18.6cm　足径/22.1cm
收藏者：凌立茂

元 蓝釉白龙纹梅瓶

尺　寸：高度/45.5cm　口径/5.6cm　足径/14.5cm
收藏者：郭巨辉

元 钧窑红斑三足炉

尺　寸：高度/11.7cm　口径/10cm
收藏者：邓惠燕

明•步入辉煌

明代（1368—1644年），根据朝廷的旨意，在景德镇设立官窑，并逐步健全及形成官窑的固定烧造机制和“官搭民烧”的辅助机制。上有所好，下必甚之。由于御用瓷、官用瓷、外交外贸用瓷、民用瓷的大量需求，民窑随之兴旺发达，出现官民竞市的局面，制瓷业步入辉煌时期。

“制作日巧，无物不备”，各种高温、低温颜色釉瓷，釉上、釉下彩绘瓷百花齐放，争奇斗艳，彻底改变了明代以前以单色釉瓷为主的局面。器型也丰富多彩，新创品种屡屡现身。大型器物气势磅礴，小件器皿精致秀美。景德镇从此成为名冠天下的瓷都，而其他地方窑口也从此日渐式微。

公元1368年，朱元璋建立大明王朝。由于明代出现了资本主义萌芽，商品经济发展迅速，航运贸易扩大，与外国的交往频繁，用于贸易和馈赠的瓷器需求量大大提高。这反过来也刺激和促进了明代瓷器的进一步发展。明代瓷器的代表就是景德镇瓷器，其时景德镇瓷已经占据了全国大部分市场，以青花瓷为主，其他如釉下彩、釉上彩、斗彩、五彩、单色釉、杂色釉等也十分瞩目。这些瓷器在国内以及世界范围各地的广泛流行，使中国瓷器进入了以彩绘瓷器为主的新时代。

整个明代近300年经历了洪武、建文、永乐、洪熙、宣德、正统、景泰、天顺、成化、弘治、正德、嘉靖、隆庆、万历、泰昌、天启、崇祯共17个皇帝，其瓷器制作可大致分为三个时期，早期以永乐、宣德年间的青花瓷为代表，永乐时期的甜白釉、鲜红釉、青花、釉里红、蓝釉、豆青釉、黄釉、绿釉等高低温单色釉百花齐放，宣德时期则主要是青花瓷大放异彩；中期以成化斗彩最引人瞩目，弘治时的娇黄釉、正德时的素三彩也别具特色；晚期以嘉靖、万历时期的五彩瓷最为珍贵。

明青花继承元青花而来，纹饰和技法也有了进一步发展。明洪武时期的青花色泽偏黑偏暗，结晶斑浓重，深入胎骨，受元代风格影响较大。到了永乐、宣德年间，永宣青花使用的主要是进口钴蓝料，引进自南洋和波斯，被称为“苏麻离青”，烧成青花自然晕散，色呈艳蓝，花鸟、人物画写意飘逸，冠绝历代。至明代中叶成化年间，青花瓷又有了重大变革，成化青花使用了国产平等青料，色泽转向柔和、淡雅。嘉万年间，青花瓷呈色又转向浓艳，而且蓝中泛紫。明代末期，使用的是国产浙料，青花呈色蓝中发灰，相较于永宣鼎盛时期，已经难以望其项背。

斗彩创烧于明宣德年间，至明成化年间大放异彩。所谓斗彩，即在白色瓷胎上用青料勾勒出所需图案轮廓，罩上透明釉，入窑经高温烧成釉下青花瓷器，再用各种颜色的矿物颜料在青花瓷器上填涂，最后入彩炉低温烧成。所填颜料色彩一般三至五种，多则可达六种以上。填涂手法以填彩为主，点彩为辅，兼有染彩、覆彩等手法。所以，斗彩是釉下青花与釉上彩绘相结合的一种彩瓷品种，又被称为“窑彩”或“青花间装五色”。传世斗彩瓷器大多小巧别致，器型主要有小碗、鸡缸杯、高足杯、小盖罐、长颈瓶等。纹饰常为花鸟、菊蝶、莲池、云龙等。据万历年间的《神宗实录》

记载："神宗时尚食，御前有成化彩鸡缸杯一双，值钱十万。"成化斗彩之所以名贵，贵在彩饰工艺上的创新以及精工细作。

明中期的成化、弘治、正德年间，五彩还非常少见，此时还是青花的天下，直到嘉靖、万历以后，五彩才骤然增加。因为此时市场繁荣，商业迅速发展，市井文化十分活跃，相较于文人的闲情雅致，老百姓更喜欢明艳欢喜的色彩，五彩正好迎合了普通老百姓的心理，因此飞速发展。

明嘉靖、万历年间的五彩，由成化斗彩发展而来，同样是用青料在素器上勾勒图案轮廓，上釉烧成后再用釉上彩料填涂图案，最后入窑低温烧就。不同的是，斗彩是以釉下青花作为基础主色，构成了整个图案框架，起骨架作用，釉上彩绘只作为点缀，因此斗彩的半成品即未施釉上彩时，是一件完整的白描青花瓷器；而五彩中，釉下青花只是表现局部纹饰的普通一色，与釉上彩绘的红、绿、黄、褐、紫等颜色处于同等地位，因此五彩的半成品即未施釉上彩时，是一件不完整的青花瓷器。五彩并不是指彩绘的颜色只有五种，多于或少于五种颜色的都习惯上统称为五彩。嘉靖、万历五彩一般以红、绿、黄、紫、蓝五种色彩作为主色，由于明代彩料中并无蓝料，凡是需要用蓝色表现之处，一般都以釉下青花代之，这成为独特的时代特征，因此嘉靖、万历五彩又被称为"青花五彩"，以区别于清代的釉上五彩。

明代瓷器由于创新了釉下青花与釉上彩绘相结合的烧制方法，装饰手法转而以彩绘为主，元代以前的刻、划、印、塑等手法虽有所继承，但已经退处从属地位。纹饰内容上也较前代更加丰富繁杂，明代由于资本主义萌芽以及海外贸易的兴起，纹饰内容更加世俗化，花鸟鱼虫、山水人物无不入画，明代早期风格写意，后期则以写实为主。

器型上，明代瓷器除了继承前代日用器型外，也根据时代需要而创新了不少器型，如永宣时期的压手杯、双耳扁瓶、天球瓶等，成化时期的斗彩鸡缸杯、"天"字盖罐等，正德、嘉庆、万历时期的大龙缸、方斗碗、方形多角罐、葫芦瓶等。至于款识上，前人总结了明代瓷器款识的规律：永乐款少，宣德款多，成化款肥，弘治款秀，正德款恭，嘉靖款杂。

明洪武 釉里红缠枝牡丹菊纹盘

尺　寸：高度/7cm　口径/44cm
收藏者：何文发

明洪武 釉里红缠枝花卉纹军持

尺　寸：高度/17.3cm　口径/3.8cm
收藏者：潘雪云

明洪武 釉里红缠枝蕃莲纹罐

尺　寸：高度/36.7cm　口径/19.4cm
收藏者：黄嘉麟

明洪武 釉里红折枝花纹瓜棱盖罐

尺　寸：高度/56cm　口径/19.7cm

收藏者：甄伟钢

明洪武　青花缠枝扁菊纹书灯（带盖）

尺　寸：高度/17.8cm　宽度/18.5cm

收藏者：温健雄

明洪武 青花缠枝莲纹玉壶春瓶

尺 寸：高度/33.8cm 口径/8.8cm

收藏者：邓永康

明早期　龙泉双龙耳环瓶

尺　寸：高度/22cm　口径/12.1cm
收藏者：梁活冰

明早期 龙泉梅子青执壶

尺　寸：高度/20.9cm　口径/5.8cm
收藏者：梁活冰

明早期 处州龙泉窑刻花菱口盘

尺　寸：高度/8.2cm　口径/42.5cm
收藏者：梁小丽

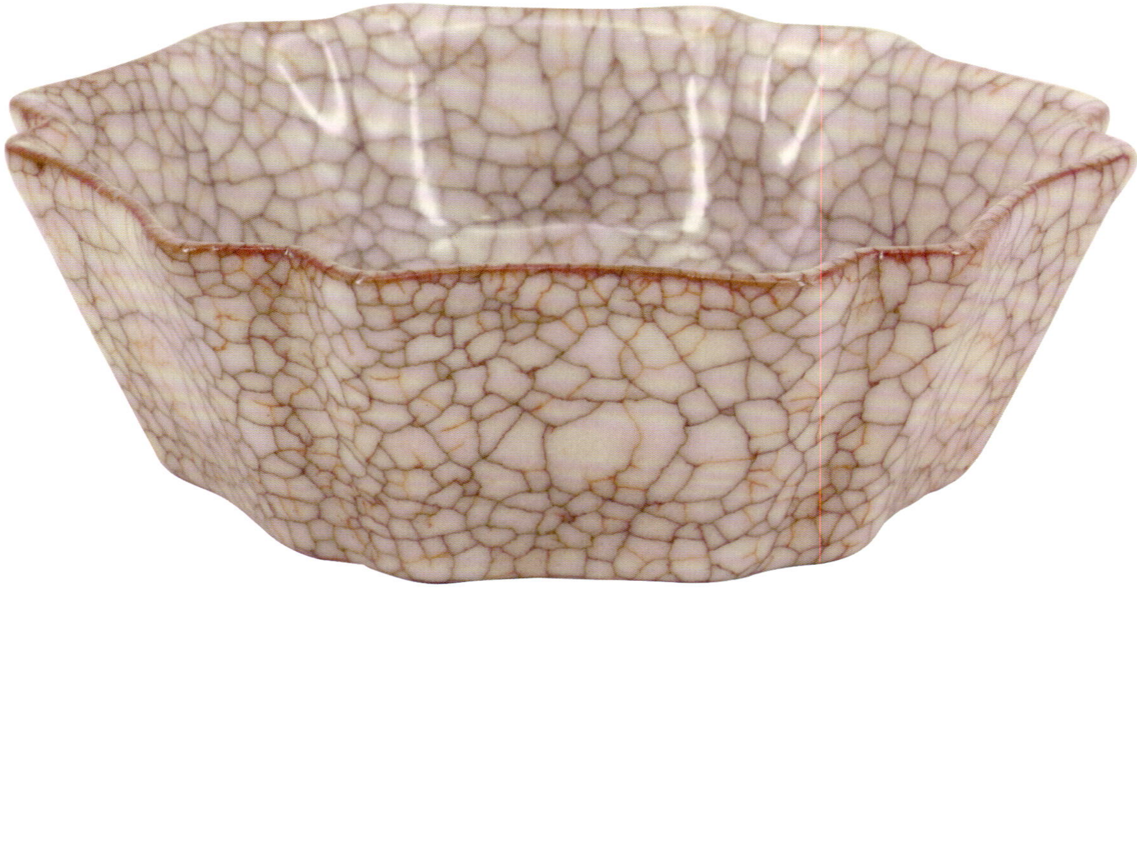

明早期 哥釉花口洗

尺　寸：高度/4cm　口径/11.6cm
收藏者：梁柏顺

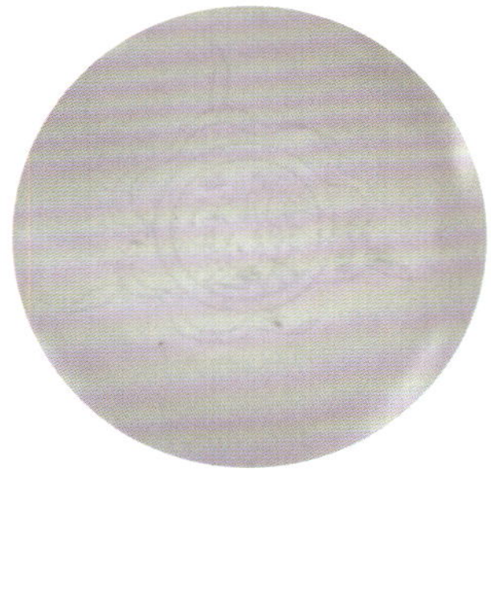

明永乐 薄胎暗刻龙纹碗

尺　寸：高度/5.6cm　口径/10.5cm　足径/4.4cm
款　识："永乐年制"四字暗刻篆书款
收藏者：谢骏杰

明永乐 青花梵文缠枝花纹鸡心碗

尺　寸：高度/9.1cm　口径/16cm
款　识："永乐年制"四字篆书款
收藏者：邓永康

明永乐 青花金彩缠枝苜蓿纹碗

尺　寸：高度/6.6cm　口径/16cm　足径/5.5cm
款　识："金冰花"款
收藏者：黄明浩

此碗造型端庄规整，微撇口，深弧腹，圈足。胎质细腻莹润，釉色白中微泛青。碗心绘青花荷池莲纹，内壁口沿下饰青花菱形花纹，内壁饰描金缠枝花卉纹，外壁口沿下饰青花曲线纹，外壁饰青花缠枝苜蓿纹，外底描金冰花款识。

青花金彩始于明代永乐年间，先以青花绘画纹饰烧成后，再描金彩，二次入窑以低温烧成，以达到金碧辉煌的装饰效果。

（黄明浩）

明永乐 青花缠枝莲纹龙把花浇

尺　寸：高度/14cm　口径/7.8cm
收藏者：黄嘉麟

明永乐 青花穿花龙纹扁瓶

尺　寸：高度/46cm　口径/8.6cm
收藏者：邓永康

明永乐 青花竹桃纹梅瓶（带盖）

尺　寸：高度/41.5cm　口径/7cm
收藏者：邓永康

明永乐 青花海水龙纹扁壶

尺　寸：高度/31.8cm　口径/5.5cm
收藏者：邓永康

明永乐 青花翠青釉暗刻云龙纹绶带葫芦扁瓶

尺　寸：高度/31.5cm　口径/4cm
款　识："大明宣德年制" 六字楷书款
收藏者：邓永康

明永乐 青花折枝花卉纹盖罐

尺　寸：高度/32.8m　口径/29cm　足径/16.5cm
收藏者：黄嘉麟

明永乐 青花双狮戏球纹窝盘

尺　寸：高度/10cm　口径/62.2cm

收藏者：黄明浩

明宣德 青花梵文勺（一对）

尺　寸：宽度/35.5cm
款　识：“大明宣德年制”六字楷书款
收藏者：凌立茂

明宣德 青花龙凤穿花纹盘

尺　寸：高度/4.4cm　口径/20.2cm　足径/12.6cm
款　识："大明宣德年制"双圈六字楷书款
收藏者：史键华

明宣德 青花凤首流执壶

尺　寸：高度/18.8cm　口径/5cm
款　识："大明宣德年制"双圈六字楷书款
收藏者：黄明浩

明宣德 青花瓜棱团龙纹执壶

尺　寸：高度/13cm　口径/4.3cm　足径/5.7cm
款　识："大明宣德年制"双圈六字楷书款
收藏者：黄明浩

明宣德 洒蓝暗刻龙纹碗

尺　寸：高度/14cm　口径/35.3cm　足径/20.5cm
款　识：“大明宣德年制”双圈六字楷书款
收藏者：黄明浩

明宣德 青花红彩海水龙纹碗

尺　寸：高度/10.1cm　口径/14cm　足径/7.1cm
款　识："大明宣德年制"双圈六字楷书款
收藏者：黄明浩

明宣德 青花锦地纹壮罐

尺　寸：高度/31cm　口径/13cm　足径/11.5cm
款　识：“大明宣德年制”　双圈六字楷书款
收藏者：黄嘉麟

明宣德 青花缠枝秋葵纹玉壶春瓶

尺　寸：高度/34.3cm　口径/9.2cm
款　识："大明宣德年制"六字楷书横款
收藏者：何文发

明宣德 青花云龙纹玉壶春瓶

尺　寸：高度/45.8cm　口径/12.8cm
款　识："大明宣德年制"六字楷书款
收藏者：邓永康

明宣德 青花缠枝灵芝纹胆瓶

尺　寸：高度/17.8cm　口径/3cm　足径/6.5cm
款　识："大明宣德年制"六字楷书横款
收藏者：梁永钊

明宣德 青花宝相花纹绶带葫芦扁瓶

尺　寸：高度/30.5cm　口径/4.5cm
款　识："大明宣德年制"六字楷书横款
收藏者：邓永康

明宣德 黄地青花灵芝纹石榴尊

尺　寸：高度/9.3cm　口径/11.5cm
款　识："大明宣德年制"双圈六字楷书款
收藏者：邓永康

明宣德 青花缠枝莲纹镂空熏炉

尺　寸：高度/38cm　口径/16.5cm

款　识：“大明宣德年制”六字楷书横款

收藏者：肖家卓

明宣德 青花石榴纹梅瓶（带盖）

尺　寸：高度/46cm　口径/6.5cm
款　识："大明宣德年制" 六字楷书横款
收藏者：温健雄

明宣德 青花凤纹十棱洗

尺 寸：高度/5cm 口径/22.2cm 足径/14cm
款 识：青花“双凤”款
收藏者：李永强

明宣德 青花海水翼龙纹鱼浅

尺　寸：高度/19.8cm　口径/41cm　足径/30cm
款　识："大明宣德年制"六字楷书横款
收藏者：黄强

明宣德　青花云龙纹窝盘

尺　寸：高度/10.5cm　口径/64cm
款　识："大明宣德年制"六字楷书横款
收藏者：黄明浩

明宣德 青花海水江崖龙纹罐

尺　寸：高度/46cm　口径/22.5cm

款　识："大明宣德年制"六字楷书横款

收藏者：邓永康

明成化 斗彩花蝶纹杯

尺　寸：高度/4.7cm　口径/7.6cm　足径/3.1cm
款　识："大明成化年制"六字楷书款
收藏者：谢骏杰

明成化 青花瓜藤纹窝盘

尺　寸：高度/5.2cm　口径/20.5cm　足径/13.2cm

款　识："大明成化年制"双圈六字楷书款

收藏者：高广宇

明成化 青花缠枝花纹碗

尺　寸：高度/6.8cm　口径/15.2cm　足径/5.3cm
款　识："大明成化年制"双圈六字楷书款
收藏者：黄明浩

明成化 青花缠枝莲托八宝纹香薰

尺　寸：高度/10.1cm　口径/7.5cm

款　识："大明成化年制" 双圈六字楷书款

收藏者：郑树发

明成化 斗彩折枝花卉纹宫碗

尺　寸：高度/6.9cm　口径/15.5cm
款　识：青花“大明成化年制” 双圈六字楷书款
收藏者：黄永源

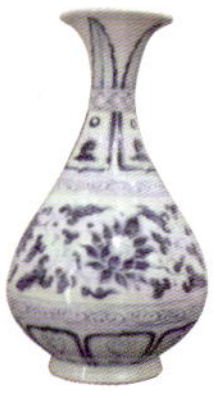

明成化 斗彩卷草纹马蹄瓶

尺　寸：高度/18.3cm　口径/4.2cm
款　识："大明成化年制"　双框六字楷书款
收藏者：黄永源

明成化 斗彩香草龙纹天字罐

尺　寸：高度/10.3cm　口径/6.4cm
款　识："天"字款
收藏者：黄永源

夔龙（又称香草龙），在明代成化年间官窑瓷器纹饰中多出现，而在青花斗彩纹饰中较为少见。此器带盖更显珍稀。

器皿先以青花将所要表达的纹饰勾边，烧成后再以不同彩料填色，二次入窑用低温烧成。多种彩料共一器身争奇斗艳，无论从哪个角度观看都赏心悦目。

所绘夔龙二足三爪，象鼻耸起，张口吐舌，舌尖连着一枝蕃莲，龙身无鳞片，带翅膀，龙尾作卷草状，四周以变异"三"字祥云作衬托，以表达翼龙翱翔云海之意。底部以青花书"天"字款，只成化一朝有此例，故"天字无官却是官"。

（黄明浩）

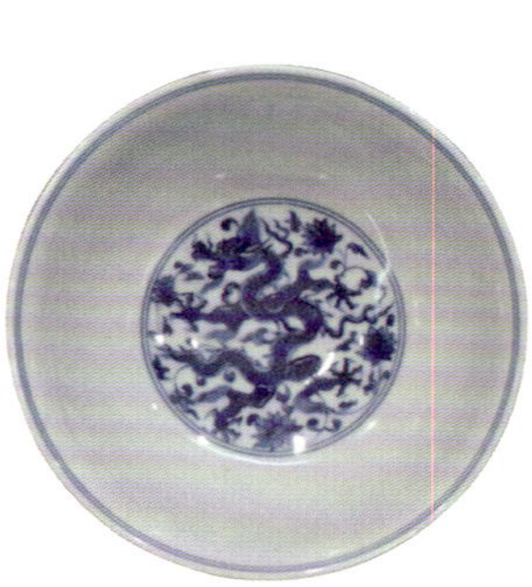

明正德　青花穿花龙纹碗

尺　寸：高度/8.5cm　口径/19.5cm　足径/8cm
款　识："正德年制"双圈四字楷书款
收藏者：梁永钊

明嘉靖 蓝釉方罐

尺　寸：高度/24cm　口径/10.2cm　足径/10.8cm
款　识：“大明嘉靖年制”六字楷书款
收藏者：李子扬

明嘉靖 黄上红彩海水江崖龙纹盖罐

尺　寸：高度/21.5cm　口径/8.5cm
款　识："大明嘉靖年制"六字楷书款
收藏者：郑树发

明嘉靖 五彩鱼藻纹鱼浅

尺　寸：高度/29.8cm　口径/50cm
款　识："大明嘉靖年制"六字楷书横款
收藏者：郑树发

明隆庆 青花团龙纹提梁壶

尺　寸：高度/32.5cm　口径/10.1cm　足径/14.8cm
款　识："大明隆庆年造" 双圈六字楷书款
收藏者：郑树发

明隆庆 青花开光线描人物纹葫芦瓶

尺　寸：高度/35.4cm　口径/4.3cm　足径/13.5cm
款　识："大明隆庆年造"六字楷书款
收藏者：凌立茂

明万历 青花军持

尺　寸：高度/22cm　口径/3.6cm　足径/10.5cm
收藏者：邹汉瑜

明万历 青花婴戏图纹梅瓶

尺　寸：高度/27.3cm　口径/4.4cm

收藏者：谢伟垣

明万历 青花人物故事纹三足炉

尺　寸：高度/19.5cm　口径/24.5cm
收藏者：源焯华

明晚期 青花“百鸟朝凤”纹大罐

尺　寸：高度/55.7cm　口径/27.6cm

收藏者：黄嘉麟

明崇祯 青花高士图纹炉

尺　寸：高度/15.3cm　口径/21cm
收藏者：源焯华

清·绚丽晚霞

清代，中国瓷器制作在康熙、雍正、乾隆三朝盛世登峰造极。无论仿古还是创新，质量之精美，型制之多样，彩釉之丰富都空前绝后。颜色釉不下百十种，彩绘瓷也是林林总总，不胜枚举。器型更是应有尽有，即使是工艺难度极大的交泰瓶、转心瓶、连体瓶等各种异型瓶也屡见不鲜。因此，这时期的器物至今仍是世人收藏的热点。嘉庆以后，国力渐衰，殃及瓷业逐渐萎缩。光绪后期因受外国机制日用瓷的倾销冲击，民间日用瓷生产几乎停顿，只有仿古陈设瓷仍在烧制，但已风光不再。

虽然清代制瓷业有康雍乾三朝盛世，但已是绚丽晚霞。

公元1644年，清人入关。大清王朝历经顺治、康熙、雍正、乾隆、嘉庆、道光、咸丰、同治、光绪、宣统十个皇帝，均有帝皇纪年款的瓷器传世，结束了在此之前以窑口命名瓷器的历史。清朝制瓷业仍然以景德镇官窑为中心，各地民窑也有所发展，窑口达到两三百个，除了继承明代的风格以外，在造型、釉色、纹饰、装饰技法上都有所创新，于康雍乾三朝达到顶峰，尤以青花、五彩最负盛名，创新的粉彩、珐琅彩、窑变釉瓷等也广为流传，其他如斗彩、素三彩以及孔雀绿等单色釉瓷也不乏名品传世。

康雍乾盛世时期的官窑是明清官窑中最为规范的，很多瓷器制作都由皇帝亲自过问，定下式样、品种后，再交给督陶官监督制作，因此质量非常好。如今拍卖市场上的很多高价位瓷器，就是这个时期烧制的。康熙时期，由江西巡抚“朗廷极”兼任景德镇窑务，创烧了朗窑红、朗窑绿、豆青、粉青、孔雀绿等各种颜色釉瓷。雍正、乾隆时期，唐英出任景德镇窑务官，进一步研制出多种颜色釉瓷。此外，清代盛行摹古之风，康熙朝有郎窑，雍正朝有年窑，皆以仿古而闻名。在瓷器烧制上，尤其喜欢仿烧宋代五大名窑的瓷器和明代瓷器，其所烧仿制品“与真成毫发不爽，诚可谓巧夺天工矣”。

清代，青花仍然是瓷器中的霸主。一部青花瓷的发展史，就是一部景德镇的发展史，甚至是中国瓷器的盛衰史。经历了元朝、明永宣两次高峰后，青花在清康乾盛世年间达到第三次高峰。清代初期的青花瓷颜色发灰，流行仿造明代青花瓷器，到康雍乾盛世之时，在用料、技法、纹饰、造型等方面才有较大创新。例如造型上，象腿瓶、牛头尊等都是清代瓷器的独有器型。到了乾隆时期，瓷器形制进一步规范，工艺更是熟能生巧，达到了一个制高点，制瓷已经成为一种流程性的工序，反倒慢慢失去了创新性。尤其到了嘉庆、道光以后，瓷器烧制就完全程式化了。

在辉煌的清代瓷器中，另一支引人注目的就是彩瓷。彩瓷与青花瓷几乎同时期产生，但在清代以前，由于烧制成本很高，所以产量很少，并没有引起世人的过多注意。直到康乾盛世，社会经济空前繁荣，彩瓷才兴盛起来，达到了历史最高峰，五彩、斗彩、粉彩、珐琅彩四大彩瓷毕集，盛世气派可见一斑。

五彩分为青花五彩和釉上五彩两种，清代釉上五彩是在明代青花五彩的基础上发展而来，以康熙年间的五彩最具代表性。清康熙年间，成功配制出了釉上蓝彩代替釉下青花，配以常用的红、绿、黄、褐、紫彩，以及新兴的金彩和黑彩，色彩更加瑰丽多姿。康熙五彩不但在白瓷上彩绘，还在各种颜色釉瓷上彩绘，使得五彩瓷器更加别具一格。康熙以后，五彩逐渐式微。

清代斗彩总体上分为两大类，一类是仿明成化斗彩，另一类是清代本朝斗彩。清康熙年间的斗彩基本沿袭了明成化斗彩的制作工艺，只在局部上有所创新，例如明成化斗彩均是白地，清康熙斗彩创烧了黄地、洒蓝地等色地；部分清代斗彩在釉上彩绘图案上再罩上一层低温透明釉，烧成后的图案摸上去有一种微微凸起的手感，这是康熙斗彩所特有的特点。雍正年间是斗彩烧制最成功的时期，雍正斗彩创造性地把粉彩洗染技法引进了斗彩工艺中，使花纹显出浓淡深浅的变化来，打破了成化斗彩一件衣，无阴阳背向变化的格局，形成了清代本朝斗彩的独特之处。乾隆以后，斗彩基本沿制旧式，并没有太大创新。

粉彩出现于清康熙晚期，至雍正时期已经成为景德镇彩瓷中最主要的品种，五彩、斗彩相对减少。粉彩又叫“软彩”，是釉上彩新品种。先是在高温烧成的白瓷上描绘图案轮廓，然后罩上含砷玻璃白，再用颜料在玻璃白上绘图，最后用干净笔刷将颜色洗开，形成浓淡明暗的层次感。玻璃白不透明，砷有乳浊作用，与各种颜料融合，产生粉化作用，使红变粉，绿变浅，黄变淡，通过控制颜料的量，可得到深浅浓淡的变化，故称“粉彩”。这种制瓷工艺具备了国画渲染的技法，增强了彩绘的表现力，因此博得了青睐，历代流行不衰。

在这四大彩瓷中，最具传奇色彩的莫过于珐琅彩。“珐琅彩”是法语音译过来的，它的正式名称是瓷胎画珐琅，是将画珐琅技法移植到瓷胎上的一种釉上彩瓷。明代晚期，瓷器开始大量销往欧洲，与西洋的交流日益广泛，贸易日益深入，反过来又影响到了国内的制瓷业。清初便开始从西洋引进珐琅彩绘制瓷器，于康熙三十五年（1696年），珐琅彩在北京皇宫烧制成功，宣布了它在中国正式诞生。珐琅彩是唯一的宫廷御用陶瓷艺术品，从诞生之日起就为宫廷所用。它的烧制并不像其他瓷器那样主要在景德镇烧制，而是主要在北京皇宫里烧制。它还有一个鼎鼎大名的别号——古月轩，这个别号的出处至今仍是一谜。

但经历了康雍乾三朝后，珐琅彩也如其他瓷器一样，开始逐渐衰落。清代瓷器经历了一个抛物线式的发展过程，以康乾盛世为分界点，也正好合乎整个清代的兴衰发展，因此艺术总是离不开社会环境的，一个政通人和、经济繁荣的社会环境才能为艺术发展提供最肥沃的土壤。

清顺治 青花花鸟纹筒瓶

尺　寸：高度/19.8cm　口径/5cm　足径/6.2cm

收藏者：毛俊峰

清顺治 青花“太白金星乘鹤下凡间”图筒瓶

尺 寸：高度/36.5cm 口径/12cm

收藏者：邓永康

清顺治 青花“蒲樗”图纹筒瓶

尺　寸：高度/37cm　口径/12cm　足径/12.7cm

收藏者：杨振端

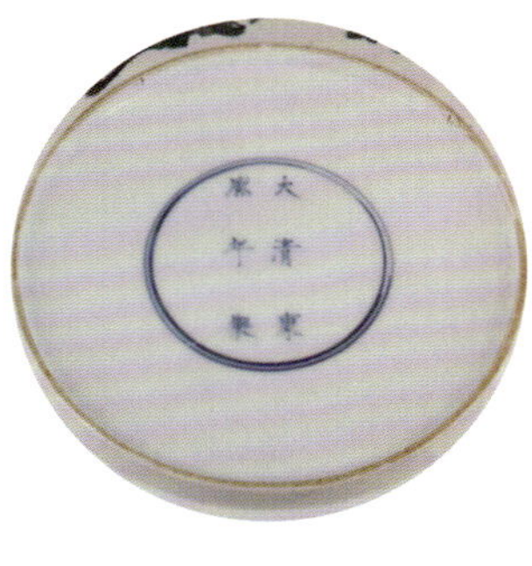

清康熙 素三彩花果暗刻龙纹盘

尺　寸：高度/4.9cm　口径/26.1cm　足径/15.7cm
款　识："大清康熙年制"　双圈六字楷书款
收藏者：史键华

清康熙 青花五鱼纹盘

尺　寸：高度/3.7cm　口径/27.5cm
款　识：青花双圈“灵芝”款
收藏者：郭惠康

清康熙 青花“观棋烂柯”图纹盘

尺 寸：口径：28.1cm
收藏者：陈少湘

清康熙 青花山水人物纹三足炉

尺　寸：高度/16cm　足径/20cm

收藏者：姚伟胜

清康熙 青花“携琴访友”图山水纹梅瓶

尺　寸：高度/32.2cm　口径/6.2cm

收藏者：谢国文

清康熙 青花“祝寿图”纹棒槌瓶

尺　寸：高度/51.3cm　口径/14cm
款　识：青花双圈款
收藏者：何文发

清康熙 青花铜雀台图纹棒槌瓶

尺　寸：高度/44cm　口径/12.8cm　足径/14.4cm
款　识："大清康熙年制"双圈六字楷书款
收藏者：王多奎

清雍正 青花松石花卉纹盘（一对）

尺　寸：口径/22cm
收藏者：陈少湘

清雍正 青花缠枝莲纹胆瓶

尺　寸：高度/41cm　口径/5.3cm　足径/13cm
收藏者：陈少湘

小口，直颈，溜肩，圆腹，圈足。

瓶身通体施白釉，以弦纹线分隔多层纹饰。口沿、颈部、肩部分别饰锦纹、如意纹及花卉纹，腹部绘缠枝莲纹，近足处绘一周变异莲瓣纹。

此胆瓶造型秀丽，一改康熙朝瓷器的浑厚古朴风气，代之以轻巧俊秀、端庄隽永的造型设计，工丽妩媚的画工，使各部位比例协调而恰到好处，给人以高雅之感。

胎质坚致细滑，釉色光洁润泽，青花发色深沉，色调稳定及显深蓝，构图严谨，绘画技法纯熟，整体纹饰风格都是模仿明朝永乐、宣德朝纹样，采用双勾填色，并留有笔痕，花瓣留白，以重笔点染的绘画技法，力求达到明永、宣朝青花渗入胎骨的自然效昊。

（黄明浩）

清雍正 黄地粉彩花鸟纹杯（一对）

尺　寸：高度/6cm　口径/8.1cm

款　识：青花“大清雍正年制”六字楷书款

收藏者：傅卓玲

清雍正　黄地青花缠枝花卉纹灯笼尊

尺　寸：高度/19cm　足径/6.5cm
款　识：青花“洛砚书屋”四字方款
收藏者：傅卓玲

清雍正 斗彩云凤纹盘

尺　寸：高度/4.3cm　口径/18.3cm
款　识：青花“玉清雅制”四字方款
收藏者：傅卓玲

清雍正 斗彩云龙纹盘（一对）

尺　寸：高度/3.1cm　口径/14cm
款　识：青花“大清雍正年制”双圈六字楷书款
收藏者：黄永源

清乾隆 青花花开富贵图纹盘

尺 寸：高度/5.7cm 口径/38.8cm 足径/22.3cm

收藏者：陈少湘

清乾隆 青花亭台楼阁纹盘（一对）

尺　寸：口径/13.8cm

收藏者：陈少湘

清乾隆 青花通花山水人物纹果盘

尺　寸：口径/28cm
收藏者：陈少湘

清乾隆 青花山水人物图纹八方盘

尺　寸：高度/4.2cm　口径/24.5cm　足径/12.9cm
收藏者：陈少洵

折沿，浅弧腹，圈足。

此盘为八方荷花口盘，图饰繁缛而不失优美。图饰分三层。第一层在折沿绘仿战国锦地纹。第二层为窄幅锦地四开光，开光内绘花卉纹。第三层为盘心图景，绘乾隆年间广州十三行对外通商之胜景，近处园林亭台楼榭，远处为沙面岛，建有教堂。江面为珠江白鹅潭有西洋船，船首高翘，桅杆收帆停泊。在岸上行走者应为洋人。此盘景饰为广州在乾隆年间对外贸易的真实写照，有历史研究的意义。釉色、画工俱佳，为清乾隆年典型外销瓷。

清乾隆 青花山水亭台纹描金茶壶

尺　寸：高度/13cm　口径/7.2cm　足径/7.4cm
收藏者：陈少湘

清乾隆 斗彩缠枝莲纹杯（一对）

尺　寸：高度/6.3cm　口径/8.5cm
款　识：青花“大清乾隆年制”六字篆书方款
收藏者：黄永源

清乾隆 胭脂红釉碗

尺　寸：高度/6cm　口径/11.8cm
款　识："大清乾隆年制"六字篆书方款
收藏者：梁文俊

清乾隆 窑变釉连体三管瓶

尺　寸：高度/21.3cm
款　识："大清乾隆年制"六字刻款
收藏者：梁文俊

清乾隆 广彩开光“李白醉戏高力士”纹盘

尺　寸：高度/2.2cm　口径/19.9cm

收藏者：郭惠康

清嘉庆 粉彩折桂图纹笔筒

尺　寸：高度/13.3cm　口径/12.6cm
款　识：青花“大清嘉庆年制”六字方款
收藏者：黄永源

清道光 绿地轧道鱼藻纹寿字碗

尺　寸：高度/6.9cm　口径/18.4cm
款　识：青花“大清道光年制”六字方款
收藏者：黄永源

清中期 青花开光冰梅花鸟纹筒觚

尺　寸：高度/60.3cm　口径/24.5cm　足径/19cm
款　识："泰源隆记"四字款
收藏者：甄伟钢

清中期 五彩四开光花蝶锦地瑞兽纹凤尾瓶

尺　寸：高度/63.5cm　口径/37.7cm

收藏者：郭惠康

清中期 青花三色哥釉地堆塑仙鹤龙纹观音瓶（一对）

尺　寸：高度/51.1cm　口径/12.9cm　足径/19cm
款　识："洪武年制"四字寄托款
收藏者：郭惠康

清中期 青花缠枝牡丹纹缸

尺　寸：高度/47.2cm　口径/51cm
收藏者：郭惠康

清咸丰 描金粉彩无双谱图糊斗

尺　寸：高度/6.7cm　足径/7.2cm
款　识："大清咸丰年制"六字篆书方款
收藏者：邹汉瑜

清咸丰 哥釉地粉彩刀马人物纹棒槌瓶

尺　寸：高度/61.5cm　口径/18.7cm　足径/18cm

收藏者：郭惠康

清光绪 青花矾红福寿纹盘

尺　寸：足径/21.3cm
款　识："大清光绪年制"六字款
收藏者：黄海源

清宣统 红釉盘（一对）

尺　寸：高度/2.2cm　口径/12.5cm
款　识：青花“大清宣统年制”六字楷书款
收藏者：黄永源

古瓷器投资拍卖最新资讯

瓷器作为传统的收藏大项，它的收藏价值不但体现在人文历史上，也体现在艺术投资上。进入21世纪后，古瓷器的投资价格已经翻了好几番，近年来的升值速度更是令人咂舌。下面为大家列举的是2017年度瓷器拍卖价格top20的古瓷器，以供大家借鉴。

排行	拍卖作品	拍卖日期	拍卖公司	成交价
top1	明宣德 青花鱼藻纹十棱菱口大碗	2017年4月5日	香港苏富比	2.03亿元
top2	清乾隆 粉彩花蝶纹如意耳葫芦尊一对	2017年5月9日	伦敦佳士得	1.14亿元
top3	清雍正 粉青釉贴花双龙盘口尊	2017年5月31日	香港佳士得	1.08亿元
top4	清乾隆 粉彩九桃天球瓶	2017年6月4日	北京匡时	4255万元
top5	清乾隆 青花八吉祥纹双耳扁壶一对	2017年5月30日	香港邦瀚斯	2493万元
top6	元 青花缠枝牡丹纹蹲狮钮盖盒	2017年6月8日	北京东正	2070万元
top7	清雍正 粉青釉灯笼式盖瓶	2017年6月5日	北京保利	1978万元
top8	清乾隆 仿古铜釉粉彩海螺足敞口尊	2017年6月21日	中国嘉德	1955万元
top9	明宣德 青花螭龙纹大罐	2017年6月8日	北京东正	828万元
top10	清乾隆 洋彩塑果高足供盘一对	2017年6月8日	北京东正	1610万元
top11	清雍正 青花矾红彩海浪纹九龙图大盘	2017年6月5日	北京保利	1495万元
top12	清乾隆 粉彩婴戏图罐	2017年5月31日	香港佳士得	1263万元
top13	清雍正 窑变釉大鸠耳衔环尊	2017年6月21日	中国嘉德	1035万元
top14	清雍正 柠檬黄地青花缠枝莲纹双龙耳扁壶	2017年6月8日	北京东正	943万元
top15	清乾隆 洋彩胭脂紫地轧道花卉御题“三清茶”诗茶盅	2017年6月5日	北京保利	840万元
top16	清乾隆 粉彩过枝芙蓉花蜻蜓小盘	2017年6月21日	中国嘉德	805万元
top17	清雍正 青花矾红游龙戏珠纹直颈瓶	2017年5月31日	香港佳士得	739万元
top18	清雍正 墨彩缠枝菊纹茶圆	2017年5月31日	香港佳士得	739万元
top19	明初 官钧玫瑰紫葵花式花盆	2017年6月6日	北京保利	575万元
top20	清雍正 斗彩缠枝宝相花杯一对	2017年5月30日	香港邦瀚斯	540万元

后 记

古代瓷器是历史发展的产物，是人们根据社会不同阶层的需要而生产出来的器皿。从简单波浪状弦纹线的刻划装饰，到利用不同矿物颜料调配、绘画、烧制出绚丽多彩纹饰图案的瓷器，是古代能工巧匠智慧的结晶，使之既是一种实用品，同时也是一种艺术品，而且每件无一不打上时代的烙印。

本书以纵观排比方法，展示我国古陶瓷史上不同朝代的瓷器，由战国原始青釉瓷起，经汉、晋、唐、五代、宋、元、明，至清末宣统瓷器止，年份横跨2000多年，共收录青釉瓷、白釉瓷、青花瓷、彩瓷、单色釉瓷等各式完整瓷器150件（套），并运用高像素的摄影技术，配以清晰图片，高度还原古瓷器原件的真实美态，供热爱中国古瓷器的收藏爱好者欣赏与参考。

感谢41位民间收藏家为本书的出版提供藏品实物原件。

感谢本书的编辑委员会成员的辛勤付出。

黄明浩

2018年6月